Dieses Buch gehört

....

Copyright © BPA Publishing Ltd 2020

Autor: Pip Reid

Illustrator: Thomas Barnett

Kreativdirektor: Curtis Reid

www.biblepathwayadventures.com

Vielen Dank für die Unterstützung von den Bible Pathway Adventures®. Unsere Abenteuer-Reihe hilft Erwachsenen dabei, Kindern Inhalte der Bibel auf kreative Art und Weise beizubringen. Konzipiert für die ganze Familie, ist das Ziel der Bibel Pfad Abenteuer, die christliche Nachfolge weltweit zurück in das Zuhause von Familien zu bringen.
Die Suche nach der Wahrheit macht mehr Spaß, als in Traditionen zu verharren!

Die moralischen Rechte des Autors und Illustrators wurden geltend gemacht, dieses Buch ist urheberrechtlich geschützt.

ISBN: 978-1-989961-20-9

Die Geburt des Königs

Der Messias ist geboren!

„Wo ist der neugeborene König der Juden? Denn wir haben seinen Stern gesehen im Morgenlande und sind gekommen, ihn anzubeten." (Matthäus 2:2)

An einem kalten Winterabend in Nazaret, saß eine junge hebräische Frau namens Maria am Kaminfeuer und wärmte ihre Füße. Plötzlich erschien ein Engel Gottes im Hauseingang. Maria sah auf und ihr verschlug es den Atem. „Wer bist du?", rief sie. Sie hatte noch nie zuvor einen Engel gesehen!

„Hab keine Angst", sagte der Engel, der Gabriel hieß. „Gott ist zufrieden mit dir. Du bist dazu auserwählt worden, einen Jungen zur Welt zu bringen. Du wirst ihn Jeschua nennen und er wird der Sohn des Allmächtigen werden!"

„Wie kann ich ein Baby bekommen?", fragte Maria. „Ich bin noch nicht verheiratet." Der Engel sah Maria an und lächelte. „Gott wird dir seinen Heiligen Geist senden, um dir dieses Baby zu geben."

Maria starrte den Engel mit aufgerissenen Augen an. Sie war verwirrter als je zuvor. „Erinnerst du dich an deine Cousine Elizabeth?", fuhr Gabriel fort. „Jeder wusste, dass sie keine Kinder bekommen konnte, aber jetzt ist sie im sechsten Monat schwanger. Mit Gott ist nichts unmöglich!"

Früh am nächsten Morgen sprang Maria aus dem Bett und eilte zu ihrem Verlobten Josef. „Wie soll ich ihm nur erklären, dass wir ein Baby bekommen?", fragte sich Maria, während sie durch die engen Gassen zu Josefs Haus schlich.

Sie atmete tief ein und stieß die Tür auf. „Josef, Josef", flüsterte sie. „Ein Engel namens Gabriel ist zu mir gekommen. Er sagte, ich solle keine Angst haben. Gott hat uns ein Baby gegeben!"

Josef riss die Augen auf. Ein Engel hatte Maria besucht? Und sie würden ein Baby bekommen? Er schluckte nervös und kletterte die Holzleiter seines Bettes hinunter. „Aber Maria, wir sind doch noch gar nicht verheiratet", sagte er. „Wie konnte das denn passieren?"

Wusstest du schon?

Der Engel Gabriel sagte zu Maria, ihr Baby Jeschua zu nennen. Jeschua bedeutet „Erlösung". Sein voller Name ist „Jehoschua", was im hebräischen bedeutet „Gott ist meine Erlösung".

Josef war besorgt. Jede Nacht wälzte er sich in seinem Bett hin und her. Er wollte das Richtige tun und sich um Maria kümmern. Aber was, wenn dies bedeutete, sie wegzuschicken? Nazareth war eine Kleinstadt und Josef wusste, dass sich die Neuigkeit von Marias Baby in Windeseile verbreiteten würde. Er wollte nicht, dass die Nachbarn schlecht über Maria redeten. „Vielleicht sollte ich die Verlobung auflösen", überlegte er.

Während Josef über all dies nachdachte, erschien ihm im Traum ein Engel Gottes. „Hab keine Angst davor, Maria als deine Frau zu dir nach Hause zu nehmen", sagte der Engel. „Das Kind, das sie bekommen wird, hat sie vom Heiligen Geist empfangen."

Als Josef am nächsten Morgen aufwachte, tat er, was der Engel ihm aufgetragen hatte. Er nahm Maria zur Frau. Er war bereit, Gottes Plan zu vertrauen.

Später im Jahr ließ Kaiser Augustus Cäsar, Herrscher des mächtigen römischen Reiches, eine Volkszählung durchführen. Die Römer herrschten über Judäa und das hebräische Volk wurde dazu gezwungen, die römischen Gesetze zu befolgen. Der Kaiser wollte wissen, wie viele Menschen er regierte und wie viele er besteuern konnte. Immerhin mussten viele Straßen gebaut werden!

„Jeder Einwohner muss zurück in seine Heimatstadt gehen und sich dort für die Volkszählung registrieren lassen", verkündete Cäsar von seinem Palast aus in Rom.

Da Josef ein Nachfahre König Davids war, musste er nach Bethlehem reisen und in die Stadt, in der David aufgewachsen war. Aber Bethlehem war weit weg und Maria musste dort ankommen, bevor das Baby zur Welt kam. Josef packte ihre Taschen, setzte Maria auf einen Esel, und brach nach Bethlehem auf, entlang eines staubigen Feldweges.

Wusstest du schon?

Die Römer verehrten einen Sonnengott namens Sol Invictus (die unbesiegte Sonne). Jedes Jahr wurde sein Geburtstag am 25. Dezember gefeiert.

Nach einer langen Reise erreichten Maria und Josef endlich das Tor von Bethlehem. Die Menschen dort empfingen sie mit offenen Armen. „Schalom, Schalom", riefen sie. „Baruch haba! Willkommen!" Josef wusste, dass Gottes festgesetze Zeiten des Herbstes kurz bevorstanden und die Häuser bald mit Gästen gefüllt sein würden. Sie brauchten schnell ein Zimmer. Auf der Suche nach einer Bleibe, schleppte er sich abgekämpft durch die überfüllten Straßen.

Leuchtende Öllampen erhellten die Häuser Bethlehems. Graue Rauchschwaden kringelten sich hoch in der Luft. Bald darauf fand Josef eine Bleibe. Da die oberen Zimmer schon voll waren, bekamen Josef und Maria Platz zum Schlafen im unteren Bereich, in der Nähe der Tiere.

Maria lächelte und streichelte ihren Bauch. Sie war dankbar dafür, dass sie ein Dach über dem Kopf gefunden hatten. Sie saß im Innenhof und sah dabei zu, wie die Frauen über dem offenen Feuer Brot backten. Das Posaunenfest stand kurz bevor, und die Dorfbewohner hatten alle Hände voll zu tun. Maria konnte die Vorfreude in der Luft spüren.

Alsbald spürte Maria, wie das Baby im Bauch strampelte. „Das Kind kommt!", sagte sie ängstlich zu den Frauen im Haus. Maria hatte noch nie zuvor ein Baby bekommen. Sie hatte keine Ahnung, was sie erwartete! Die Frauen versammelten sich hilfsbereit um sie herum.

In dieser Nacht wurde der Messias in Bethlehem geboren. Um das Baby warm zu halten, wickelte Maria es in ein Leinentuch und legte es vorsichtig in eine mit Stroh gefüllte Futterkrippe. Sie nannte das Baby, genau wie der Engel es ihr gesagt hatte.

Josef legte behutsam seinen Arm um Maria und betrachtete das schlafende Baby. „Das Baby ist ein Geschenk Gottes", sagte er. Beide wussten, dass dies ein ganz besonderes Kind war.

Wusstest du schon?

Jom Teruah ist eines der Feste des Herrn. Zu diesem Fest wird 100 Mal in eine Schofar geblasen. Der letzte Ton wird „die letzte Posaune" genannt. Zu den Festen des Herrn werden Könige angekündigt oder gesalbt.

Auf den Hügeln um Betlehem herum, hütete in dieser Nacht eine Gruppe Schäfer ihre Schafe. Plötzlich erschien mit einem Blitz ein Engel Gottes über ihnen. Die Schäfer hielten sich die Hände vors Gesicht und stolperten rückwärts in die Büsche. Was machte ein Engel hier?

„Keine Angst", sagte der Engel. „Ich komme mit guten Nachrichten zu euch, die allen viel Freude bereiten werden." Die Schäfer lagen in den Büschen und hielten den Atem an. Sie waren zu erschrocken, um sich zu bewegen oder geschweige den, ein Wort zu sagen.

Der Engel fuhr fort: „Heute wurde in Bethlehem ein Kind geboren, das der Messias ist. Er ist in ein Tuch gewickelt und liegt in einer Futterkrippe. Geht und besucht Ihn."

Auf einmal erhellte sich der Himmel mit einem ganzen Heer von Engeln, die Gott priesen und sangen, „Gelobt sei Gott! Und auf der Erde soll es Frieden und Gutmütigkeit unter den Menschen geben!"

Die Schäfer schüttelten ihre Köpfe vor Erstaunen. „Also, worauf warten wir noch?", fragten sie einander. „Lasst uns gehen und den Messias sehen!" Sie eilten nach Bethlehem und fanden die Unterbringung, in der Maria und Josef übernachteten. Der kleine Junge schlief tief und fest in einer Futterkrippe, genau wie es der Engel ihnen mittgeteilt hatte.

Die Schäfer schauten auf das schlafende Baby hinab und sagten: „Ein Engel ist auf den Feldern erschienen und hat uns erzählt, dass dieses Kind der Messias ist!" Die Dorfbewohner versammelten sich um sie herum und hörten aufmerksam zu. Sie hatten ihr ganzes Leben auf eine Messias gewartet, der sie von den Römern erretten würde. Nun war er endlich da!

Während dieser Zeit gab es ein mächtiges Reich, das Partherreich. Es war so groß, dass es von Persien bis hin zum Indus im Osten reichte. Die Parther und Römer mochten sich nicht besonders. Sie schickten oftmals ihre Armeen, um gegeneinander zu kämpfen.

Weil das Partherreich so groß war, hatte der König besondere Priester und Adelige, genannt „die Weisen", die ihm dabei halfen, Entscheidungen zu treffen. Die Weisen waren wichtig; sie halfen sogar dabei, die Könige des Partherreichs auszuwählen! Deshalb wurden sie „Königsmacher" genannt.

Die Weisen waren auch Astronomen. Jede Nacht beobachteten sie die Sterne und warteten auf ein Zeichen, das die Ankunft des Messias verkündete. Sie wussten, dass Gott seinen Erlösungsplan in den Himmel geschrieben hatte. Für die althebräische Gesellschaft war dies als Mazzaroth bekannt.

Eines Abends erschien ein großes Zeichen am Himmel. „Es ist endlich da!", rief einer der Weisen. Er zeigte aufgeregt in den Nachthimmel über ihnen. Mehr Weisen kamen zum Fenster herbeigeeilt und spähten hinauf in die Dunkelheit. Dies war sicherlich das Zeichen, von dem der Prophet Bileam in seinen heiligen Schriften gesprochen hatte!

Ihre Herzen rasten vor Aufregung. „Das bedeutet, dass der Retter Israels hier ist", sagten sie. Ihre Augen klebten immer noch am Himmel. Sie wussten, dass die Geburt des Messias für die Menschen überall wichtig war. „Lasst uns hingehen und unseren neugeborenen König anbeten!"

Aber die Weisen mussten warten. Judäa war weit weg und dies würde eine lange und gefährliche Reise werden. Sie drängten sich zusammen und begannen damit, ihr großes Abenteuer zu planen.

Wusstest du schon?

Die moderne Astronomie hat bestätigt, dass die in Offenbarung 12 beschriebenen Informationen mit dem übereinstimmen, was die Weisen aus dem Morgenland zur Zeit der Geburt Jeschuas am Himmel beobachteten.

Einige Monate später machten sich die Weisen auf den Weg nach Jerusalem, entlang steiniger Straßen. Es war mittlerweile Sommer geworden und in Judäa war es so heiß, wie in einem riesigen Ofen. Strauchdiebe trieben sich durch die Gegend. Von daher waren die Weisen froh, dass sie von Soldaten begleitet wurden.

Als die Weisen Jerusalem erreichten, bahnten sie sich ihren Weg durch die überfüllte Stadt zu den Märkten. „Wo ist der neugeborene König der Juden?", fragten sie. „Wir haben seinen Stern im Osten gesehen und sind gekommen, um Ihn anzubeten."

Eine Menschenmenge versammelte sich in den Gassen und um die Marktstände herum. „Wovon reden diese Parther?", murmelten sie unbehaglich. „Warum sind sie überhaupt nach Jerusalem gekommen?" Jeder wusste, dass die Parther und Römer erbitterte Feinde waren.

Wusstest du schon?

Die Weisen aus dem Morgenland reisten fast 1500 km, um Jeschuah zu sehen. Als sie in Bethlehem ankamen, war Jeschua schon ein Kleinkind.

Zu diesem Zeitpunkt war König Herodes der Herrscher Judäas. Er wurde wütend, als er hörte, dass es Gerüchte über einen neugeborenen König gab. „Wie können es diese Weisen wagen, nach einem anderen König zu verlangen?", brüllte er und schlug mit der Faust auf den Tisch. „Ich bin der König der Juden!"

Die Weisen machten König Herodes nervös. Das Partherreich war ein feindliches Reich und die Weisen sehr wichtige Abgesandte. Augustus Cäsar würde nicht darüber erfreut sein, wenn er wieder einen Krieg beginnen würde. Er ließ die Hohepriester und Tora-Gelehrten in seinen Palast kommen. „Wo soll denn dieser Messias geboren werden?", fragte König Herodes.

„Der Prophet Micha sagt, dass ein besonderer König in Bethlehem zur Welt kommen würde", antworteten sie und rollten ihre Schriftrollen aus, um ihm die Schriften zu zeigen. *„Aber du, Betlehem-Efrata, die du zu klein unter den Städten Judas bist, aus dir wird mir einer hervorgehen, der über Israel herrschen soll. Sein Ursprung liegt in ferner Vorzeit, in längst vergangenen Tagen."*

König Herodes erhob seine Hand, um die Priester zum Schweigen zu bringen. Er hatte genug gehört! „Geht und findet diese Weisen", sagte er. „Sagt ihnen, sie sollen zu mir kommen!"

Als die Weisen ankamen, fraget Herodes sie: „Wann ist dieser Stern erschienen?" Aber die Weisen wussten, dass der König so gerissen war, wie ein Fuchs. Sie warfen sich flüchtige Blicke zu und antworteten mit Bedacht.

König Herodes trommelte mit seinen Fingern auf den Thron. „Geht und trefft diesen neugeborenen König", sagte er schließlich und wies in Richtung Bethlehem. „Sagt mir Bescheid, wenn ihr ihn gefunden habt. Ich möchte ihn ebenfalls anbeten." Doch der König hatte nicht vor, Jeschua anzubeten. Er wollte ihn töten lassen. Herodes glaubte, dass nur er der einzige König der Juden war!

Außerhalb des Palastes blickten die Weisen zum Himmel hinauf. Ein heller Stern leuchtete über Bethlehem und wies ihnen den Weg. „Lasst uns dieses großartige Zeichen weiterverfolgen," riefen sie aufgeregt.

Sie sprangen auf ihre Pferde und trotteten durch die Straßen der Stadt und hinaus aufs Land. Sie konnten es kaum abwarten, den lang erwarteten Messias zu sehen.

Die Schäfer auf den Feldern starrten die Weisen mit großen Augen an, als diese an ihnen vorbeizogen. „Warum sind die Parther hier?", fragten sie einander. Die streng dreinblickenden Soldaten machten Sie nervös. „Sind sie gekommen, um den kleinen Jungen, Jeschua, zu sehen?"

Die Weisen folgten dem Stern, bis er direkt über dem Haus in Bethlehem stand, in dem sich der kleine Jeschua befand. Sie sprangen von ihren Pferden und eilten hinein, um ihn zu sehen.

„Gelobt sei Gott, es ist wirklich der Messias", sagten sie. Sie fielen auf ihre Knie und beteten Jeschua mit vollem Herzen an. Mit zitternden Händen öffneten sie ihre Taschen und überreichten ihm kostbare Geschenke: Gold, Weihrauch und Myrrhe.

Doch sie blieben nicht lang. Gott hatte sie davor gewarnt, nicht zu König Herodes zurückzukehren. Bevor er sie finden konnte, eilten sie zum Partherreich zurück, so schnell ihre Pferde sie trugen.

Später in dieser Nacht, erschien Josef im Traum ein Engel Gottes. „Josef, du bist in großer Gefahr. Steh sofort auf, nimm deine Familie und fliehe nach Ägypten. Bleibe in Ägypten, bis ich dir sage, dass du gehen kannst. Herodes will das Kind töten."

Josef schüttelte Maria behutsam. „Wach auf", flüsterte er. „Wir müssen fliehen, bevor König Herodes uns findet und Jeschua tötet." Maria nickte, doch ihr war flau im Magen. Was hatte Gott dieses Mal geplant?

Sie packten ihre Sachen und schlichen aus dem Haus und auf die Straßen Bethlehems. Irgendwo bellte ein Hund. Die Stadt war dunkel und leer. Ägypten war weit weg, doch Maria und Josef wussten, dass Gott sie behüten würde.

Wusstest du schon?

König Herodes war arabischer und nicht jüdischer Abstammung. Obwohl er als König von Judäa bezeichnet wurde, erhielt er diesen Titel von Rom und nicht von den Israeliten.

Als König Herodes hörte, dass die Weisen verschwunden waren, war er so wütend wie ein Stier. Er ging auf und ab und ballte die Fäuste. „Wie können es die Weisen wagen, ins Partherreich zurückzukehren!", donnerte er. „Sie haben mich reingelegt!"

Er ließ seine Generäle zu sich kommen. „Geht nach Bethlehem und tötet alle Jungen, die jünger als zwei Jahre sind", befahl er. „Vernichtet den sogenannten König. Ich will, dass er verschwindet!"

Doch es war zu spät. Josef, Maria und das Kind hatten Bethlehem bereits verlassen und waren auf dem Weg nach Ägypten. Es sollte eine lange Zeit dauern, bis sie ihre Heimat wiedersehen würden. Jeschua aber war in Sicherheit. Sie ahnten nicht, dass all dies Teil von Gottes wundervollem Plan war, sein Volk wieder ins Hause Israel zurückzubringen.

ENDE

Teste Dein Wissen!
(Vergleiche die Antworten mit den Fragen am Seitenende)

FRAGEN

Welchen Namen sollte Maria ihrem Sohn laut Gabriel geben? ....

Wer ordnete eine Volkszählung des römischen Reiches an? ....

Warum sind Maria und Josef für die Volkszählung nach Bethlehem gereist? ....

Wo wurde Jeschua geboren? ....

Wer war in dieser Zeit König von Judäa? ....

Wem erschienen die Engel auf den Feldern? ....

An welchem Ort würde der Messias laut dem Propheten Micha geboren werden? ....

Wie viele Weise besuchten Jeschua, nachdem er geboren wurde? ....

Was machte König Herodes, nachdem die Weisen ihn hereingelegt hatten? ....

In welches Land flohen Josef, Maria und Jeschua? ....

ANTWORTEN

1. Jeschua
2. Kaiser Augustus
3. Sie waren Nachkommen von David von Bethlehem
4. Bethlehem
5. Herodes (der Große)
6. Schäfer
7. Bethlehem
8. Die Bibel gibt keine Auskunft
9. Er gab die Anweisung, jeden Jungen in Bethlehem jünger als zwei Jahre, zu töten
10. Das Land Ägypten

Löse das Wortsuchrätsel

BETHLEHEM ENGEL
JESCHUA KRIPPE
ÄGYPTEN HERODES
KÖNIG MARIA
WEISEN SCHÄFER

```
E K C W H P H U S C
N E R E V U E J C Q
G M Y I Y E R E H Ä
E G T S P O O S Ä G
L Z A E W P D C F Y
T T S N U D E H E P
C Q Z F R H S U R T
K Ö N I G U W A K E
B E T H L E H E M N
E M A R I A Z P C F
```

Bible Pathway Adventures®

Flucht aus Ägypten

Der Kampf mit dem Riesen

Verschluckt von einem Fisch

Die Sintflut

Schiffbrüchig!

Der Exodus

Der Weg nach Damaskus

Der Verrat des Königs

Der auferstandene König

Verkauft in die Sklaverei

Gerettet von einem Esel

Die auserwählte Braut

Solomon der Tempelbauer

Entdecke mehr Bibel Geschichten von Bible Pathway Adventures!

Lesen Sie die Aktivitätsbücher von Bible Pathway Adventures

GEHEN SIE ZU

www.biblepathwayadventures.com

www.ingramcontent.com/pod-product-compliance
Lightning Source LLC
Chambersburg PA
CBHW040318100526

44583CB00004BB/145